AF257429

MONK

ou

WASHINGTON

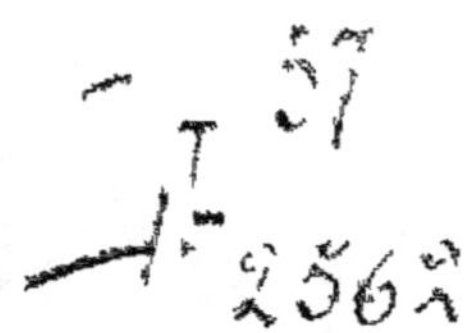

PARIS. — IMPRIMERIE DE E. DONNAUD, RUE CASSETTE, 9.

MONK

OU

WASHINGTON

Ce n'est pas assez que la France ne roule plus dans l'abîme; il faut que l'abîme se ferme et que la France se relève. Washington ou Monk : il lui faut l'un des deux pour se relever.

Lequel des deux nous accordera la Providence ?

Guizot.

PRIX : 1 FRANC

PARIS

LIBRAIRIE INTERNATIONALE

A. LACROIX, VERBOECKHOVEN & Cie, Éditeurs

13, faubourg Montmartre, et 15, boulevard Montmartre

Même maison à Bruxelles, à Leipzig et à Livourne

1871

MONK OU WASHINGTON

Ce n'est pas assez que la France ne
ne roule plus dans l'abîme; il faut que
l'abîme se ferme et que la France
se relève. Washington ou Monk : il
lui faut l'un des deux pour se relever.
Lequel des deux nous accordera la
Providence ?

GUIZOT.

I

Toutes les révolutions, soit à leur début, soit à leur
dénoûment, s'incarnent dans un homme, qui en prend
à la fois devant son pays et devant l'histoire, l'honneur
et la responsabilité. Dans l'ordre politique, comme
dans l'ordre social, comme dans l'ordre scientifique,
toutes les créations appartiennent à une seule indivi-
dualité, dont elles portent le nom, qui les résume, qui
en est l'alpha et l'oméga. Les grandes choses, bonnes
ou mauvaises, les fondations d'empires ou de républiques, les transformations nationales, les bouleverse-
ments populaires, les législations humaines, les réno-
vations religieuses, les grandes actions ou les grands
crimes, sont toujours une œuvre personnelle. Les col-
lectivités n'ont jamais rien accompli, rien inventé, rien
découvert, rien changé, rien fondé. L'histoire entière
de l'humanité n'est que l'histoire de quelques hommes,

inspirés par leur génie ou guidés par une force aveugle, instruments passifs ou initiateurs puissants. Dans tous les pays et dans tous les temps, il a fallu un Moïse pour arracher les Hébreux à l'oppression **égyptienne** et les guider vers la terre promise.

On discutait beaucoup, dans ces dernières années, et on raillait quelque peu « la théorie des hommes providentiels. » Ce que l'on prenait pour un système, ce que l'on regardait comme une nouveauté, est tout simplement un fait, un fait placé par l'expérience des siècles **en** dehors et au-dessus de toute contestation ; un fait aussi vieux que le monde, et reconnu, accepté par les penseurs les moins suspects et les plus éminents. C'est la théorie de Herder, de Turgot, reprise de nos jours par M. Thomas Carlyle qui voit, dans ce qu'il appelle les *héros*, les organes articulateurs du corps social. C'est la théorie d'Auguste Comte, d'Augustin Thierry, de M. Guizot, de M. Thiers. C'est la théorie d'Alexis de Tocqueville. L'auteur de l'*Ancien régime et la Révolution* croit qu'il eût suffi d'un homme supérieur pour rendre impossible et inutile la terrible commotion de 1789. « Si, vers 1750, dit-il, il se fût trouvé sur le trône un prince de la taille et de l'humeur du grand Frédéric, je ne doute point qu'il n'eût accompli dans la société et dans le gouvernement plusieurs des plus grands changements que la Révolution y a faits, non-seulement sans perdre sa couronne, mais en augmentant beaucoup son pouvoir. » Tout récemment enfin, M. Edouard Laboulaye écrivait : « Je crois que le monde marche par quelques hommes... Toutes les fois qu'un progrès est réalisé, cherchez et vous trouverez à l'origine un homme... »

II.

L'infaillible instinct des peuples ne s'y est point trompé. Pour les minorités lettrées aussi bien que pour les masses inintelligentes, la préoccupation première, aux heures de révolution, est de chercher l'architecte qui reconstruira l'édifice renversé, l'ingénieur qui rétablira le mouvement normal de la machine détraquée, le Moïse qui éclairera à travers le désert la marche de la société.

Le premier besoin qui se fait sentir, même dans les pays les plus démocratiques, les plus égalitaires, c'est le besoin d'un homme. Si l'on évoque le passé pour y trouver un idéal, ce ne sont pas des institutions, ce sont des noms propres qui s'offrent tout d'abord à la pensée. Chaque parti cherche dans l'histoire le nom d'un héros à écrire sur sa bannière, et choisit parmi les divers types que présente la tradition les traits principaux du sauveur de l'heure présente ; il attend du passé la solution de l'avenir.

C'est ainsi qu'en octobre 1850, M. Guizot, dans les paroles que j'ai prises pour épigraphe, et qui semblent écrites d'hier, de ce matin, c'est ainsi que M. Guizot confiait le salut du pays à Monk ou à Washington, tandis que d'autres prononçaient tout haut le nom de Bonaparte.

C'est ainsi que depuis quelques mois les mêmes souvenirs reparaissent dans toutes les mémoires, que les mêmes noms reviennent sur toutes les lèvres, sous toutes les plumes, dans tous les journaux, dans tous les esprits. C'est ainsi que l'Europe entière a, depuis près d'un an, les regards fixés sur ces trois dates mémorables : 8 mai 1660, 4 juillet 1776, 18 brumaire an VIII, et se demande lequel de ces trois noms personnifiera aux yeux de la postérité la France de 1871 : Bonaparte, Monk ou Washington !

<hr>

III

Toutes les révolutions, en effet, paraissent jetées dans l'un de ces trois moules. Elles se ressemblent toujours par le début, par les situations et les péripéties. Au lieu d'une première représentation nous ne voyons jamais qu'une reprise. Il n'y a de changé que les acteurs et les décors. C'est invariablement la même pièce, avec trois dénoûments divers.

De ces trois dénoûments, il en est un qu'il faut écarter tout d'abord, et que deux chutes épouvantables ont rendu désormais impossible à la scène. Deux épreuves successives se résumant en trois invasions, ont irrévocablement condamné le nom et l'emploi des Bonaparte. Les 18 brumaire, les 2 décembre, les 20 mars, sont à tout jamais rayés du répertoire politique. On peut revenir de l'île d'Elbe ; on ne revient pas de Sedan !

Des deux autres dénoûments quel est le meilliure, le plus conforme aux saines lois de l'esthétique gouvernementale? De ces deux dates : 8 mai 1660, 4 juillet 1776, quelle est la plus immortelle ? De ces deux rôles, quel est le plus noble? De ces deux œuvres, quelle est la plus solide, la plus utile, la plus durable? De ces deux figures qui surgissent devant nous dès qu'une nation se trouve en face d'un trône écroulé, d'une dynastie engloutie, et d'un avenir inconnu, quelle est la plus belle, la plus pure, la plus grande? C'est ce que je veux examiner froidement, sans parti pris ni prévention d'aucune sorte, sans enthousiasme ni désenchantement, en ne tenant compte que des faits et des résultats, en jugeant avec une égale impartialité et les hommes et les choses.

Dans la préface de son Étude sur Monk, réimprimée il y a vingt ans, M. Guizot soulevait une série de questions qui viennent de se poser de nouveau, exactement dans les mêmes termes et d'une manière bien plus pressante encore :

« La république peut-elle être fondée?

» La monarchie peut-elle être rétablie?

» Quelle monarchie? L'empire ou la maison de Bourbon? Quelle branche de la maison de Bourbon? L'aînée ou la cadette? ou toutes deux ensemble et de concert?

» Si la France ne veut que la stabilité, pourquoi agite-t-elle toutes ces questions? Qu'elle les supprime et qu'elle s'arrête dans ce qui est. Si elle ne croit pas à la stabilité de ce qui est, que ne fait-elle son choix entre les solutions des questions qu'elle agite?

» Est-ce que ces questions ne pourraient être *ni supprimées ni résolues* ?

» Ce serait la pire des conditions, car nous serions voués alors à l'immobilité dans l'anxiété. Point de foi dans le présent et point d'avenir. »

On se demande, en lisant ce passage, écrit en août 1850, s'il ne pourrait pas tout aussi bien porter la date d'août 1871. L'illustre historien semble s'être inspiré, vingt ans à l'avance, de la situation actuelle de notre infortuné pays. Mêmes problèmes, mêmes questions, mêmes hésitations, mêmes difficultés, mêmes options, mêmes familles monarchiques, mêmes impasses, même *immobilité dans l'anxiété!* Encore, la situation était-elle dans la France de 1850 moins complexe qu'elle ne l'est dans la France de 1871.

« La république peut elle être fondée ? La monarchie peut-elle être rétablie ? » s'écrie M. Guizot. Quel nom peut et doit sauver la France ? Est-ce dans l'Angleterre de 1660 ou dans l'Amérique de 1776 que doit aller chercher son modèle l'illustre historien de la Révolution française, dont les circonstances ont fait l'homme nécessaire, l'homme providentiel de la situation présente ? Que veut être, que peut être, que doit être, que sera M. Thiers ?

Monk ou Washington ?

IV

En voyant, en 1871, une partie de la presse euro-
péenne et du public français, considérer le chef actuel du pouvoir exécutif de la république comme un pont
jeté sous les pas d'un prétendant orléaniste, et pro-
poser sérieusement à l'éminent homme d'Etat de re-
commencer le rôle et la vie de Georges Monk ; en nous
rappelant que M. Guizot, en 1850, présentait le même
idéal au général Changarnier, je ne puis me défendre
d'un pénible sentiment de surprise.

Je me reproche presque d'avoir, moi aussi, réuni
sur la même ligne dans le titre de cette brochure, à
un nom si glorieux le triste nom du restaurateur du
triste Charles II. Je suis tenté de déplorer un rappro-
chement aussi injurieux pour la mémoire de Washington, que blessant pour le caractère de M. Thiers.

Que la foule, que l'honnête public, qui sait peu et
qui va puiser son érudition historique dans des journaux aussi ignorants que lui même, dresse un pié-
destal au méprisable héros de la restauration des
Stuarts, cela ne m'étonne pas. Mais que M. Guizot
s'oublie jusqu'à oser écrire : « Washington ou Monk,
il faut à la France l'un des deux *pour se relever.* » Voilà
ce qui me confond, ce qui me stupéfie !

Monk ou Washington !

On sait assez généralement ce qu'est Washington ;
on connaît beaucoup moins Georges Monk.

Qu'est-ce donc que Georges Monk ? C'est un témoin peu suspect, c'est M. Guizot qui va nous l'apprendre.

Cet homme qui, selon M. Guizot, « mentait avec une fermeté froide, dont ses plus intimes affidés étaient troublés ; qui, en marchant à son but, a tant *usé et abusé du mensonge* ; » cet homme qui, selon White-locke, *ne parlait jamais à deux personnes de la même manière*, et a successivement *trompé tout le monde ; « qui mentait même lorsqu'il traitait de bonne foi »* (Guizot) ; cet homme qui a servi tour à tour et concurremment le roi, la Révolution, la République, Cromwell, le Parlement, les papistes, les presbytériens, les anglicans, les têtes rondes et les cavaliers ; acceptant de toutes les mains et de tous les partis argent, emplois, dignités, titres, châteaux, domaines ; cet homme qui ne se montrait jamais plus républicain que lorsqu'il vendait la République et jamais plus royaliste qu'au moment où il trahissait le roi ; cet homme qui, sans sourciller et sans offrir sa démission de gouverneur de l'Ecosse, recevait de Cromwell cette lettre ironique et méprisante : « On me dit qu'il y a en Ecosse un certain rusé compagnon appelé Georges Monk, qui n'attend que le moment pour y introduire Charles Stuart ; faites, je vous prie, vos diligences pour le prendre et me l'envoyer ; » cet homme qui désignait au protecteur tous les espions pouvant être utilement employés auprès du prétendant, à l'heure même (1655) où il entretenait avec Charles Stuart une correspondance secrète ; cet homme qui, au dire de son apologiste, Clarendon lui-même, « aimait si chèrement l'argent ; » cet homme qui « connaissait si bien l'art de pousser sa fortune dans le parti dominant sans perdre la confiance de celui qui pourra dominer un jour » (Guizot) ; ce

homme qui à la fourberie et à l'avarice joignait la plus
impassible cruauté, et se fit longtemps en Irlande et en
Ecosse l'exécuteur des hautes-œuvres de Cromwell (1):
cet homme célèbre et obscur à la fois, qui, après avoir,
par des prodiges de perfidie, disposé un jour d'un
trône et d'un peuple, est retombé le lendemain dans
la foule où il marchait confondu la veille ; cet homme
en qui tout était bas et vulgaire : ses sentiments, ses
goûts, ses passions, ses habitudes, sa femme, *grosse
et laide fille publique* ramassée par lui dans un mauvais
lieu ; cet homme enfin qui, avec *une odieuse abnéga-
tion de son propre honneur* (Guizot), livra ou plutôt
vendit au bourreau la tête de son ancien ami, de son
ancien complice, le marquis d'Argyle (2), cet homme

-----

(1) **Chargé,** après la bataille de Dunbar, d'achever la soumission
de l'Ecosse, il met le siége devant Dundee, qui se défend avec
héroïsme. Son brave commandant Lunsden, sommé de se rendre,
fait offrir aux assiégeants, s'ils veulent se rendre eux-mêmes avec
armes et bagages, des passeports pour retourner chez eux. La ville,
prise d'assaut, est livrée à toutes les horreurs du pillage ; les fem-
mes, les enfants, les vieillards sont froidement égorgés; Lunsden
et les 800 hommes composant la garnison sont passés au fil de
l'épée. Ce fut dans toute l'Angleterre un cri général d'indigna-
tion.   (*Mémoires de Ludlow.*)

(2) **Les** preuves de haute trahison et de régicide ne paraissaient
pas suffisantes au Parlement d'Ecosse chargé de le juger... On allait achever les débats, lorsqu'un coup rudement frappé à la porte
annonça quelque messager important. C'était un courrier de Londres chargé d'un paquet pour le Parlement. A l'empressement du
messager, on crut qu'il apportait la grâce ou un sursis; mais, le
paquet ouvert, on y trouva les lettres d'Argyle à Monk!... Solli-
cité de les livrer, Monk avait voulu attendre qu'elles parussent
absolument nécessaires, et « averti, dit-il, de ce qui manquait
aux preuves », il s'était hâté de les faire parvenir au Parlement.
Elles dissipèrent toute hésitation : le lendemain Argyle fut condamné.

érite-t-il autre chose que le mépris de l'histoire, la
flétrissure éternelle de la postérité?...

Jamais personne n'a poussé à un tel degré l'art de
dissimuler. Jusqu'au dernier moment, à la veille même
de la restauration de Charles II (8 mai 1660), il pro-
teste encore de son dévouement à la République, qu'il
trahissait depuis cinq années ! En apprenant la défaite
de l'insurrection royaliste de sir George Booth, qu'il
avait secrètement fomentée, il dit froidement à ses
officiers : « Je serais d'avis que le Parlement rendît
une loi pour ordonner de pendre sur-le-champ qui-
conque parlera seulement de rétablir Charles Stuart ! »
Avant de passer la Tweed — son Rubicon — (1ᵉʳ janvier 1660), il déclare qu'il a pris les armes pour la
défense des libertés et priviléges du Parlement et pour
soutenir envers et contre tous les droits du peuple; il
marche sur Londres, en écrivant lettres sur lettres au
Parlement pour l'assurer de sa fidélité. A son entrée
dans la capitale, le 3 février, il dit à Ludlow : « Il nous
faut vivre et mourir pour la République ! » Le 11, en
s'emparant du pouvoir, il renouvelle ses protestations :
Je jure, s'écrie-t-il, que je m'opposerai de tout mon
pouvoir au retour de Charles Stuart ! » Plus l'heure déci-
sive approche, plus il multiplie les serments d'*atta-
chement invincible* à la République. Le 16 mars, après
dissolution du *Rump* (*Croupion*), il jure encore. Le
1ᵉʳ mai, en présence de la lettre de Charles II lue au
Parlement nouveau, il joue une indigne comédie de
surprise et de stupéfaction. La fourberie s'élève chez
cet homme à la hauteur d'une science exacte ou d'un
apostolat. Les soldats, dont il savait se faire aimer, l'ap-
pelaient l'*honnête Georges Monk*. On dirait l'*honest Yago* de
Shakespeare ! Georges Monk est l'ange de la trahison !

IL mourut le 3 janvier 1770, âgé de soixante-deux ans, couvert d'honneurs, de titres, d'or et de mépris. Chevalier de la Jarretière, lieutenant général des armées des Trois-Royaumes, grand écuyer, duc d'Albemarle, comte de Torrington, baron Monk de Potheridge, Beauchamp et Bees, gentilhomme de la chambre ; pourvu d'une dotation perpétuelle de 300,000 fr. ; possesseur d'une fortune évaluée à sa mort à 20 millions de francs, il n'a manqué à l'heureux aventurier que l'estime de ses contemporains.

Tel est le restaurateur de la monarchie des Stuarts. Son œuvre est en tous points digne de sa personne : la grandeur du résultat est proportionnée à la noblesse de l'instrument. Une couronne relevée par ces mains impures devait porter tôt ou tard la peine de sa tache originelle. Après vingt-huit ans d'avilissement, après ces deux règnes, les plus tristes de l'histoire d'Angleterre, où l'on vit la flotte hollandaise remonter la Tamise jusqu'à Sheerness et jeter l'effroi jusque dans Londres ; où l'on vit le souverain du pays de Cromwell vendre Dunkerque à la France pour quelques écus, vivre toute sa vie des aumônes de Louis XIV, faire marché de sa conscience, trafiquer de sa propre sœur ; après cette époque de dépravation et de honte, le trône des Stuarts s'écroula sans retour. La restauration de 1660 eut le sort de toutes les restaurations. Comme une maison vermoulue dont un badigeonnage peut bien retarder mais non empêcher la chute, l'édifice si péniblement, si vainement restauré par Monk s'effondra pour toujours !

Et voilà l'homme que M. Guizot ne craint pas de mettre en parallèle avec le fondateur de la république

américaine ! Et voilà l'œuvre que l'on ose recom-
mander aux méditations de M. Thiers !

V

Après l'impression de dégoût que laissent dans
l'esprit l'entreprise de Monk et le caractère de Charles II, on aime à franchir l'Atlantique pour reposer
ses yeux, son cœur et sa pensée sur cette belle et
noble physionomie qui illumine de son éclat si pur la
fin du dernier siècle. On aime à contempler ce grand
citoyen qui, par son intelligence de la liberté, est le
premier homme des temps modernes ; qui, par son
désintéressement, rappelle les héros de la Grèce et
de Rome ; qui, son œuvre accomplie, dépose l'épée et
retourne à l'*ombre de sa vigne et de son figuier* avec la
simplicité d'un Cincinnatus ; qui ne regarde jamais le
pouvoir absolu remis entre ses mains que comme une
charge et un dépôt ; qui peut répondre au duc d'Orléans l'interrogeant sur ses habitudes matinales ces
belles et touchantes paroles : « Je puis me lever de
grand matin parce que je dors bien ; et, sachez ceci,
je dors bien parce que je n'ai jamais écrit une ligne
sans me figurer que je la voyais imprimée. »
Comme le vice, la vertu semble contagieuse ; la

grandeur appelle la grandeur, et Washington nous apparaît entouré d'un nombreux cortége où se pressent les Franklin, les Patrick Henry, les James Otis, les Jefferson, les Madison, les Hamilton, et ce John Adams, le second président des Etats-Unis, qui, la veille de la Déclaration d'indépendance, écrit à sa femme en sortant du Congrès : « Le sort en est jeté ; nous avons passé le Rubicon... L'Angleterre a été pleine de folie et l'Amérique pleine de sagesse ; c'est là du moins mon jugement. L'avenir en décidera. »

L'avenir en a décidé. Ces modestes colonies, peuplées en 1774 de 2 millions 600,000 Européens, constituaient déjà à la mort de Washington un Etat de 10 millions d'âmes, une république telle que l'antiquité n'en a jamais connu. Aujourd'hui, après quatre-vingt-dix-sept ans, l'Amérique est devenue la plus riche, la plus prospère et la plus puissante nation du monde ; elle a plus de 30 millions d'habitants ; elle en aura 100 millions avant la fin du siècle. Elle peut avec fierté offrir sa révolution en exemple à tous les peuples, et opposer à la date néfaste du 8 mai 1660 la date glorieuse du 4 juillet 1776, qui vit naître à la fois son indépendance et sa liberté.

Si connue que puisse être l'immortelle Déclaration d'affranchissement, lancée comme un défi à la tête de l'Angleterre, je ne puis me dispenser d'en rappeler au moins le magnifique début, en le livrant aux réflexions de l'homme illustre qui tient entre ses mains les destinées de la France :

« Lorsque le cours des événements humains met un peuple dans la nécessité de rompre les liens politiques qui l'unissaient à un autre peuple, et de prendre parmi les puissances de la terre la place séparée et le rang

d'égalité auxquels il a droit en vertu des lois de la nature et de celles de Dieu, le respect qu'il doit aux
opinions du genre humain exige de lui qu'il expose
aux yeux du monde et déclare les motifs qui le for-
cent à cette séparation.

» Nous regardons comme incontestables et évidentes
par elles-mêmes les vérités suivantes : Que tous les hommes ont été créés égaux ; qu'ils ont été doués par le Créa-
teur de certains droits inaliénables ; que parmi ces
droits on doit placer au premier rang la vie, la liberté et
la recherche du bonheur. Que, pour s'assurer la jouis-
sance de ces droits, les hommes ont établi parmi eux des
gouvernements *dont la juste autorité émane du consente-
ment des gouvernés.* Que, *toutes les fois qu'une forme de
gouvernement quelconque devient destructive de ces fins
pour lesquelles elle a été établie, le peuple a le* DROIT DE
LA CHANGER *ou* DE L'ABOLIR *et d'instituer un nouveau gouvernement en établissant ses fondements sur les principes*
et en organisant ses pouvoirs dans la forme qui lui pa-
raîtra la plus propre à lui procurer la sûreté et le bonheur. »

Deux des signataires de ce manifeste, qui tranche
par sa majestueuse simplicité sur les documents de ce
genre, John Adams et Jefferson, ont survécu de cinquante ans, jour pour jour, à la Déclaration du 4 juillet ; ils ont pu voir grandir cette jeune puissance au dé-
veloppement de laquelle ils avaient tant contribué, et,
chose étrange, ils sont morts l'un et l'autre à la même
heure, le jour de ce glorieux anniversaire : le 4 juillet
1826.

Un succès aussi rapide, une croissance aussi pro-
digieuse, dont les annales du monde entier n'offrent
aucun autre exemple, l'Amérique les doit moins encore

au courage, à la vigueur, à l'énergique persistance de ses citoyens qu'au génie et au caractère, à la modération, à l'habileté du héros qui la personnifie.

***

VI

Je ne rappellerai pas la vie de Washington, sa naissance, le 22 février 1732, ses premières courses aventureuses dans la vallée de l'Ohio à travers le *Far-West*, dont il a le premier entrevu le magnifique avenir, ses premiers combats contre les Français en 1754, étincelle qui alluma la guerre de Sept ans. Je ne raconterai pas les débuts de la révolution, les premiers troubles provoqués par l'acte du timbre et la taxe du thé, les massacres de Boston, les ambassades et les pamphlets de Franklin, les premiers efforts du Congrès de 1774, où chez Washington se révèle pour la première fois l'homme supérieur, ses tentatives réitérées de conciliation et d'apaisement, jusqu'à l'heure où, la résistance étant devenue une nécessité, le Congrès lève une armée de 10,000 hommes, dont un vote unanime lui donne le commandement suprême.

Cet homme si doux et si simple, excellent fils, bon mari, amoureux de ses champs et de ses fermes, devient instantanément un grand capitaine. Avec une poignée d'hommes sans souliers, sans vêtements, sans chemises, sans pain, il tient tête pendant cinq ans à toutes les forces de l'Angleterre, à l'amiral Burgoyne, à l'amiral Howe, à lord Cornwallis. Ni ses défaites ni la démoralisation de sa misérable armée dont on pouvait suivre la piste aux traces de sang laissées sur la neige par les pieds nus et meurtris de ses soldats, ni la détresse générale du peuple ne peuvent ébranler sa foi ! Vaincu à Long-Island, à New-York, à Brandywine, à Germantown, il semble puiser dans chaque échec de nouvelles forces. C'est le lendemain même d'un désastre qu'il prend audacieusement l'offensive, triomphe à Trenton et à Princeton, et finit la guerre par la prise de Yorktown et la capitulation de lord Cornwallis.

A la paix de 1783, il déposa tous ses pouvoirs et se retira dans son domaine, à Mount-Vernon, d'où il devait sortir deux fois encore pour sauver son pays de l'anarchie après l'avoir délivré de l'oppression de l'Angleterre. L'homme d'Etat, en lui, n'est ni moins grand ni plus ambitieux que l'homme de guerre. Président de la convention constituante d'Annapolis, en 1787, deux fois président de la république, réelu malgré lui (1789-1797), il organise la république et pose les bases fondamentales de la politique intérieure et extérieure dont elle ne s'est pas départie depuis quatre-vingts ans. C'est lui qui, dans son admirable Adresse d'adieu au peuple des Etats-Unis, en résignant la présidence, le 17 septembre 1796, a établi le premier dans le monde le principe de non intervention.

Trois fois il a tenu dans ses mains le sort de son pays ; trois fois il a eu à refuser la couronne que lui offrait son armée : en 1782, en 1736, en 1793.

Le colonel Lewis Nicola, qui souvent avait servi d'intermédiaire entre l'armée et son chef, et porté à Washington les doléances de ses compagnons d'armes, lui fait des propositions formelles dans la curieuse lettre qui suit :

« De tous les gouvernements, lui écrit-il, le gouvernement républicain est le moins stable, le moins capable de garantir les droits, l'indépendance et la propriété des citoyens. *Avec la république, l'Amérique ne deviendra jamais une nation.* L'expérience nous apprend que la forme du gouvernement anglais est la meilleure. Les efforts de l'armée n'ont été puissants que parce qu'elle était soumise à un seul chef.

» Dès que les avantages d'un gouvernement mixte auront été montrés au peuple, il adoptera cette forme de gouvernement ; il reconnaîtra que ce génie qui nous a fait traverser si glorieusement, si victorieusement des difficultés en apparence insurmontables, que ces grandes qualités, qui ont mérité et obtenu l'estime de tous et la vénération de l'armée, sont destinés à nous conduire bien mieux encore dans les sentiers plus faciles de la paix. Certaines gens ont établi une liaison si intime entre l'idée de monarchie et celle de tyrannie qu'il semble difficile de les dégager l'une de l'autre. Peut-être serait-il nécessaire de donner un titre plus modeste, en apparence, au chef de la constitution que je propose. Cependant si tout le reste était une fois réglé, on pourrait invoquer de *bien fortes raisons pour admettre le titre de roi...* »

Washington lui répond le 22 mai 1782 :

« C'est avec un mélange de surprise et de douleur

lui proposait M. de Fontanes. Trop orgueilleux à la fois et trop modeste, il a confondu l'éclat avec la grandeur, il a pris le clinquant pour de l'or, la fumée pour de la gloire, et lâché la proie pour l'ombre.

Bonaparte a tué autant d'hommes que Washington a créé de citoyens, détruit autant de richesses que le fondateur des Etats-Unis en a virtuellement préparé. L'un a fécondé autant de terres que l'autre en a dévasté. Celui-ci allait, à l'Orient, engloutir six cent mille hommes dans les neiges de la Russie ; celui-là guidait vers l'occident les premiers pionniers qui ont défriché et peuplé le Far-West, jusqu'aux rivages du Pacifique. L'œuvre de Napoléon a péri tout entière, et il n'est resté de tant de victoires qu'une France amoindrie, démembrée, et les traces douloureuses d'une triple invasion. L'œuvre de Washington, complétée par quatre-vingts ans de travaux gigantesques, reste assise sur les bases inébranlables de la liberté humaine et de la grandeur nationale.

VIII

Ce qui a été possible et réalisé au delà de l'Océan serait-il impossible et irréalisable en deçà de l'Atlantique ?

Entre les trois noms propres que j'ai évoqués et

rapprochés, — Bonaparte, Monk, Washington, — dont le premier signifie *Invasion*, dont le second signifie *Corruption*, la France serait-elle impuissante à choisir le troisième, qui veut dire : *Civilisation* ?

La grande question qui se débat, depuis plus de trois quarts de siècle, dans notre malheureux pays : « République ou monarchie, » ne pourrait-elle être, ainsi que le craignait M. Guizot dans la phrase citée plus haut, *ni supprimée ni résolue* ?

Serions-nous voués fatalement à *l'immobilité dans l'anxiété* ?

La république serait-elle, comme on le répète chaque jour, une plante trop délicate pour notre sol et qui défie toutes les tentatives d'acclimatation ?

Ceux qui pensent et parlent ainsi connaissent bien peu l'histoire de la fondation des États-Unis d'Amérique !

On ignore trop généralement combien a été pénible, laborieux, l'enfantement de la jeune république, dont la gestation n'a pas duré moins de vingt-quatre ans. L'Amérique, même après l'expulsion des Anglais, était encore profondément monarchique d'instincts, de cœur, de sentiments. Ce qui fera la gloire éternelle de Washington, c'est précisément d'avoir surmonté des obstacles presque insurmontables. C'est la difficulté de sa tâche qui en constitue la grandeur.

Pendant les douze premières années de la crise provoquée par *l'acte du timbre* et la *taxe du thé*, personne, dans les colonies anglaises, ne songeait à la séparation : George III n'avait pas de plus loyaux, de plus fidèles sujets. L'esprit du peuple n'était point préparé à une idée qui blessait ses vieilles traditions et sa conscience. Tant que les Américains conservèrent l'espoir d'éclairer le gouvernement de la métropole, ils restèrent calmes et dévoués ; ils ne prirent les armes, après douze ans de patience et d'humbles supplications, que comme contraints et forcés. Washington lui même disait dans une adresse au roi, en 1774 : « On nous a représentés à Votre Majesté comme des séditieux secouant toute espèce de frein et voulant l'indépendance. Soyez certain que ce sont là des calomnies. » Il écrit encore un peu plus tard : « Nous avons beaucoup supporté, nous avons longtemps et ardemment désiré une réconciliation honorable, on nous l'a refusée ; nous nous sommes conduits comme de fidèles sujets. »

Même après la bataille de Lexington, qui consomme la rupture, après la réunion des Congrès de 1774 et 1775, le roi George conserve un très-grand nombre de partisans qui, sous le nom de *loyalistes*, créent à Washington, général en chef, les plus sérieux embarras. Les jalousies locales, les vieilles inimitiés entre les colonies, viennent ajouter aux difficultés de la situation. Les généraux anglais recrutent des soldats dans les provinces restées fidèles. New-York refuse plusieurs fois de signer la Déclaration d'indépendance ; les loyalistes sèment l'agitation dans le peuple, forment des compagnies de volontaires royaux, organisent des complots, entravent la levée des milices nationales, accaparent les vivres, entretiennent des intelligences avec l'ennemi, menacent la vie de Washington, conspirent sourdement quand les troupes de l'Union sont victorieuses et relèvent la tête avec audace après chaque défaite...

La guerre terminée, lord Cornwallis, forcé de se rendre, l'Angleterre vaincue, la paix de 1783 conclue et signée, l'Amérique se trouve en face de dangers intérieurs non moins grands. Le Congrès se déclare impuissant à prévenir la banqueroute et la dissolution de l'Union ; la misère s'accroît, le pain manque, des troubles éclatent de toutes parts ; l'insurrection du Massachussets prend des proportions formidables, les loyalistes y donnent la main aux socialistes ; l'Europe considère déjà la révolution comme avortée. Un parti considérable, dans l'armée et dans le peuple, demande la monarchie...

« Avec la république, écrivait au héros de l'indépendance le colonel Lewis Nicola, l'*Amérique ne deviendra jamais une.nation.* » On connaît la noble réponse de Washington, et l'on sait l'éclatant démenti donné par les faits à cette prophétie insensée ! C'est avec la république et par la république que l'Amérique est devenue la première de toutes les nations !

C'est par la république aussi, par la république seule que la France peut espérer de redevenir une grande nation.

IX

Mêmes dissidences, mêmes dissensions, mêmes antagonismes au sein de la Convention réunie à Philadelphie en 1787. La lutte continue entre les tendances contraires, entre les intérêts opposés, entre les grands et les petits Etats ; de brûlants débats s'engagent chaque jour sur la forme définitive du gouvernement. Tandis que Washington et Jefferson se prononcent avec énergie pour la république, Hamilton voit son idéal dans la monarchie constitutionnelle de l'Angleterre. « Je n'hésite point à déclarer que le gouvernement anglais est le meilleur de tous, et je doute fort que rien en dehors de cette constitution puisse réussir en Amérique. » Tout au moins il demande un *président à vie*, ayant le droit de *veto* sur les actes du Congrès. Plus tard, en 1791, il écrivait à Jefferson :

« Je ne crois point, je dois l'avouer, que le gouvernement actuel soit constitué de façon à répondre aux besoins de la société. Probablement il sera nécessaire de retourner à la forme anglaise. Mais, puisque nous avons entrepris l'expérience, je suis d'avis de la faire complétement et loyalement. »

Edmund Randolph, Gouverneur Morris, parlaient dans le même sens. « La monarchie limitée, disait John Dickinson, est la meilleure forme de gouvernement ; il n'est pas certain qu'on puisse obtenir les mêmes bienfaits d'un autre régime. » Les débats menaçaient de s'éterniser ; Washington désespérait presque de voir une issue favorable aux travaux de la Convention. Il fallut toute son autorité personnelle, toute l'influence exercée par lui sur ses collègues pour arriver enfin à une solution. Le 17 septembre 1787, après vingt-quatre ans de guerre étrangère et de dissensions intérieures, la république était solidement et à jamais fondée.

On le voit, toutes les objections des monarchistes français n'ont rien de bien neuf, rien d'inédit. En lisant les écrits, en écoutant les discours des Hamilton et des Dickinson d'aujourd'hui, ma pensée se reporte involontairement vers les débats qui ont précédé le vote de la constitution américaine. La situation des partis dans les deux pays, à quatre-vingts ans d'intervalle, présente des analogies frappantes, qui me remplissent de confiance et d'espoir. La tâche du chef du pouvoir exécutif me paraît peut-être même moins ardue que la mission du président du Congrès de Philadelphie. En 1787, il y avait aux Etats-Unis infiniment moins de républicains qu'il n'y en a dans la France de 1871, et nos légitimistes de Versailles sont beaucoup moins redoutables que ne l'étaient les *loyalistes* de New-York et de Boston.

X

J'ai procédé jusqu'ici par démonstration indirecte; c'est par des preuves générales, et, pour ainsi dire, *extrinsèques*, que je viens d'établir l'impossibilité d'une restauration monarchique en France. Il est temps d'arriver aux preuves spéciales, *intrinsèques*. Traversons de nouveau la Manche d'un côté, l'Atlantique de l'autre, pour revenir dans notre pays. A vrai dire, je n'en suis pas sorti un seul instant. Si j'ai beaucoup parlé de l'Angleterre, c'est de la France qu'il s'agissait en réalité. Là où j'écrivais Londres ou New-York, mes lecteurs lisaient : Paris. Quand ma plume traçait les noms du restaurateur des Stuarts et du fondateur des Etats-Unis, un illustre nom français contemporain se présentait naturellement à tous les esprits.

C'est dans les entrailles mêmes de la situation, et par l'analyse et l'examen des divers éléments politiques en présence, qu'il me faut aller chercher la solution du problème posé devant nous : « Monarchie ou république ».

Passons donc successivement en revue les partis, les groupes parlementaires, les fractions multiples de l'opinion publique, les manifestations contradictoires des hommes et des faits. Sondons le terrain, fouillons le sol, pour voir quelle sorte d'édifice il peut supporter, quel genre de matériaux doivent être employés à sa construction. Voyons quelle forme gouvernementale se dégage naturellement de la logique des événements et de la force des choses.

Depuis trois quarts de siècle nous avons vu tomber en France deux républiques et sept monarchies : celles-là renversées violemment, traîtreusement égorgées en 1799 et en 1851 ; celles-ci s'écroulant d'elles-mêmes au 10 août 1792, au 20 mars 1815, au 29 juillet 1830, au 24 février 1848, au 4 septembre 1870, ou démolies par la pioche de l'étranger au 30 mars 1814 et au 18 juin 1815. Il serait donc aussi téméraire de considérer la république comme bâtie sur le sable que de regarder la monarchie comme assise sur le roc. Les inductions tirées de notre histoire depuis 1789 seraient plutôt favorables à la solution républicaine.

Si les monarchistes opposent à la république comme une fin de non recevoir sa double chute du 18 brumaire et du 2 décembre, il est trop facile aux républicains de rétorquer cet argument usé. Quand la république sera tombée misérablement sept fois en quatre-vingts ans, comme la monarchie, on pourra peut-être prendre au sérieux cette objection, qui n'a aujourd'hui aucune valeur. Associer à l'idée monarchique l'idée de stabilité, c'est dédaigner trop complétement la vérité historique et faire trop bon marché des leçons, si chèrement acquises, de l'expérience.

Mais laissons là le passé, ne songeons qu'au présent, et voyons quel avenir il nous prépare fatalement. Etudions d'abord l'Assemblée nationale.

<hr>

XI

On a beaucoup médit de nos honorables représentants. La majorité sortie des élections du 8 février et que n'a pas sensiblement modifiée le scrutin du 2 juillet, est devenue le point de mire de toutes les attaques, l'objet de toutes les plaisanteries. Sa maladroite défiance de Paris, son aversion pour l'état de choses créé par la révolution du 4 septembre, ses tendances royalistes, ses lois impopulaires, son esprit rétrograde, sa lourde part de responsabilité dans la révolution du 18 mars, lui ont fait beaucoup d'ennemis ; le peu de notoriété de ses membres et les noms bizarres de quelques-uns d'entre eux, donnaient prise à la raillerie. Aussi est-il de mode de ne pas parler sans rire de cette nouvelle *chambre introuvable.*

Je ne sais si l'Assemblée de Versailles est vraiment aussi ridicule qu'on le prétend ; mais je trouve qu'elle a été trop décriée, trop calomniée, et je viens me donner à mon tour le ridicule de la défendre.

Que l'ensemble de nos sept cent cinquante législateurs ne représente qu'une somme assez faible de lumières, de talent, de science politique, d'éloquence, de génie ; qu'à part quelques rares personnalités, tout le reste ne dépasse point les bornes d'une honnête médiocrité, cela est possible ; mais comment ne voit-on pas que c'est là précisément le sort de toutes les assemblées ?

« Il semble, dit quelque part Montesquieu, que les têtes des plus grands hommes se rétrécissent lorsqu'elles sont assemblées, et que là où il y a plus de sages il y ait aussi moins de sagesse. » Réunissez, par impossible, dans une salle, autour d'une tribune, à Versailles ou ailleurs, sept cent cinquante Aristotes ou sept cent cinquante Solons, vous n'aurez plus qu'un ensemble assez vulgaire. La promiscuité des intelligences amoindrit les plus riches, stérilise les plus fécondes. Il se produit dans les assemblées quelque chose d'analogue à ce qu'on appelle en physique le rayonnement du calorique. Placez au milieu d'une salle une boule rougie au feu, elle communiquera sa chaleur à tous les corps froids environnants ; l'équilibre s'établira, il ne restera au bout d'un instant qu'une certaine tiédeur générale. Ainsi en est-il dans les assemblées.

En découvrant un jour dans son bain la loi fondamentale de l'hydrostatique, qui porte son nom, Archimède ne se doutait guère qu'il allait formuler aussi la loi des agrégations humaines. « Tout solide plongé dans un liquide perd de son poids, le poids du volume d'eau qu'il déplace. » Tout homme supérieur plongé dans une foule perd de son génie le poids des esprits médiocres qu'il déplace.

Un corps délibérant, en dépit des esprits supérieurs qu'il peut contenir dans son sein, forme donc en réalité un tout plus que médiocre. Qu'il s'appelle Sénat, Chambre, Parlement, Congrès, Convention, il a forcément pour résultante, en vertu de la loi d'Archimède et de la loi du calorique rayonnant, la médiocrité, sinon la nullité intellectuelle et politique. S'il est un fait bien et dûment acquis, constaté par l'observation du passé, par l'expérience de tous les temps, c'est que jamais une assemblée n'a rien créé, rien accompli, rien fondé ; c'est que les fondations d'empires et les législations, aussi bien que les découvertes scientifiques, ont été le résultat de l'initiative individuelle ; c'est que toutes les grandes choses ont été réalisées par quelques grands hommes. Ce que l'on chercherait vainement et ce que l'on trouverait difficilement, c'est un progrès qui soit l'œuvre d'une assemblée.

Le monde marche par quelques hommes ; il ne marche pas par des corps délibérants, académies ou parlements. Sont-ce des Cortès qui ont découvert l'Amérique ? Est-ce une Chambre qui a découvert l'imprimerie, la vapeur, la télégraphie ? Est-ce un Congrès qui a trouvé la loi de la circulation du sang ? Est-ce une assemblée constituante qui a voté, au scrutin de division, les lois de Keppler, la loi d'Archimède, les lois de Mariotte, les lois de Lavoisier et de Berzélius ?

De même que toutes les lois physiques portent le

nom d'un seul homme, les meilleures et les plus durables législations politiques ont été l'œuvre d'un seul législateur, d'un Lycurgue, d'un Solon, d'un Zoroastre, d'un Numa, d'un Charondas, d'un Moïse, d'un Mahomet. C'est à d'Aguesseau que nous devons les réformes les plus importantes faites dans notre législation civile avant 1789 ; c'est à Turgot que nous devons la première idée de la liberté du travail et du commerce, l'abolition des corvées et de la torture. Locke a fait un code remarquable pour la Caroline du Nord ; Macaulay en a rédigé un pour l'Inde ; et sans l'influence toute personnelle de Washington, dans le congrès de 1787, nous n'aurions pas eu très-probablement la constitution des Etats-Unis !

Il est bien rare, d'ailleurs, que les esprits d'élite cherchent ou réussissent à s'ouvrir l'accès des assemblées, et se résignent à mendier des suffrages. Le mot d'Horace tant de fois cité : « *Odi profanum vulgus et arceo.*» est la devise des intelligences supérieures. A l'inverse de la nature qui jadis avait horreur du vide, les hommes de génie ont toujours eu horreur du plein ; et ce n'est pas dans les assemblées qu'il faut les aller chercher. Montesquieu et Jean-Jacques Rousseau ne trouveraient pas leur place aujourd'hui dans une assemblée française, et se verraient préférer par le suffrage universel quelque hobereau de village, quelque nullité vaniteuse de chef-lieu de canton Si par hasard ils étaient élus, leur influence serait nulle, leur parole sans autorité ; leur vote, dans la balance du scrutin, ne pèserait pas plus que le bulletin du premier député venu ; dans les bureaux et dans les commissions, Montesquieu serait vaincu par *Childebrand !*

XII

Ayons donc plus d'indulgence pour l'assemblée de Versailles. Elle ne vaut ni plus ni moins que la plupart des chambres qui se sont succédé en France depuis quatre-vingts ans ; elle n'est ni plus ni moins médiocre, ni plus ni moins ridicule, ni plus ni moins impuissante.

Elle a même sur la plupart de ses devancières un grand avantage, elle est sincère, et de plus elle est docile. C'est précisément parce qu'elle ne dissimule pas ses tendances et ses sympathies royalistes, qu'elle me paraît moins dangereuse pour l'avenir de la république.

La constituante de 1848 avait, à l'unanimité, le 4 mai, acclamé vingt-six fois la république, et la république est morte. La majorité de Bordeaux et de Versalles n'a pas cessé, depuis six mois, d'acclamer implicitement la monarchie, et c'est pourquoi la république vivra !

Dociles ! toutes les assemblées le sont plus ou moins. Quoi qu'elles disent, quoi qu'elles veuillent et quoi qu'elles fassent, elles obéissent toujours, alors même qu'elles semblent le plus commander. Elles obéissent à un maître, comme le Corps législatif de l'empire ; à un Président du conseil, comme la Chambre de M. Guizot ; à un Comité de salut public, comme la Convention de 1793. Malgré ses velléités d'indépendance la majorité actuelle n'échappe point à la loi commune. Elle n'a fait jusqu'ici que ce qu'a bien voulu M. Thiers. Elle résiste, mais elle vote ! N'en déplaise à la proposition Adnet, à la proposition Baze, à la proposition Dahirel, à la proposition Belcastel ; n'en déplaise aux efforts de la droite et du centre droit, aux menées actives des comités et des conciliabules monarchiques, elle votera, soyez-en sûrs, la prorogation du pouvoir exécutif, elle votera les trois années d'expérience républicaine que réclame M. Rivet ; elle votera pour M. Thiers ce titre de *président de la république* qui l'offusquait tant à Bordeaux et qu'elle a dédaigneusement repoussé. Elle votera de mauvaise grâce, mais elle votera même sa propre dissolution le jour où le futur Président lui en exprimera bien instamment le désir. La Chambre parle trop volontiers et trop souvent de sa souveraineté, pour que cette souveraineté ne soit pas un peu illusoire.

En réalité, si l'Assemblée règne, c'est le chef du pouvoir exécutif qui gouverne. L'Assemblée s'agite ; M. Thiers la mène !

XIII

S'il faut dire toute ma pensée, je n'attache à la proposition Rivet, à la prorogation du pouvoir exécutif, au titré de président de la république, qu'une médiocre importance, et je n'en vois bien ni l'urgence, ni la nécessité, ni l'utilité. Il me semble que les divers groupes de la gauche, que M. Louis Blanc, que M. Quinet, que M. Thiers lui-même, font ici fausse route, et je crains qu'ils ne lâchent la proie pour l'ombre.

On parle de confiance à ramener, de crédit à raffermir, de stabilité à créer! Comme si la confiance s'établissait par une loi, comme si le crédit se fondait par un vote! Comme si l'expérience ne nous avait pas appris qu'en France il n'y a de stable que le provisoire!

La stabilité d'un gouvernement ne se mesure pas à la durée légale qu'on lui accorde ou qu'il se confère à lui-même. Sept monarchies et deux républiques écroulées en moins d'un siècle sont là pour l'attester. Ce n'est pas un bail de trois ans, mais un contrat perpétuel qui liait aux Bourbons la France de 1814; onze mois plus tard, Louis XVIII s'enfuyait à Gand! La stabilité créée par l'*Acte additionnel aux constitutions de l'empire*, bien plus fragile encore, a duré tout juste trois mois! La république romaine, au contraire, gouvernée par le provisoire, vivant au jour le jour, limitant à une année le pouvoir de ses consuls, à six mois l'autorité de ses dictateurs, la république romaine a pu durer cinq siècles.

Qu'il s'agisse d'un bail de trois ans, ou d'un bail emphytéotique, quel gouvernement peut se croire à l'abri d'une résiliation imprévue et forcée?

On ne voit pas trop, du reste, quelles garanties de durée donnerait aux pouvoirs de M. Thiers le vote de la proposition Rivet. Que l'Assemblée juge à propos de se dissoudre ou qu'elle y soit contrainte par la pression de l'opinion publique, et voilà le contrat rompu, et le président de la République obligé de résigner ses fonctions avant l'expiration du délai fixé. Qu'un dissentiment grave vienne à se produire entre M. Thiers et le Parlement; qui empêchera celui-ci d'abroger la loi Rivet? Qui empêchera le mandant de révoquer son mandataire?

Le président, dit-on, sera couvert par ses ministres responsables devant l'Assemblée. Mais alors nous retombons dans la monarchie constitutionnelle, avec cette différence que le pouvoir exécutif, privé du droit de dissolution, de la faculté de faire appel au pays, subordonné de fait aux ministres que lui imposera la Chambre, aura infiniment moins d'autorité qn'il n'en possède aujourd'hui. Ce n'est pas à ce résultat, je suppose, que veulent arriver les partisans de la prorogation?

En réalité, cette prorogation purement conditionnelle, aléatoire, ne pourra créer qu'une stabilité aléatoire et conditionnelle. C'était bien la peine de faire tant de bruit autour de cette question qui passionne en ce moment le monde politique, et qui pourrait se résumer ainsi : « M. Thiers restera trois ans président, à moins qu'il ne cesse de l'être auparavant. » Ne l'appelons donc plus : la proposition Rivet; son vrai nom, c'est la *proposition la Palisse !*

Mieux vaut cent fois un *statu quo* indéfini ! Le pire des provisoires est préférable à ce définitif imaginaire.

Une guerre ouverte et immédiate serait moins dangereuse pour le pays que cette trêve hypocrite de trois ans entre le principe monarchique et le principe républicain.

XIV

La droite de l'Assemblée n'est pas moins que la gauche fatiguée du provisoire et affamée de définitif. Son inquiétude sur l'avenir se traduit en une série de propositions qui forment la contre-partie de la motion de M. Rivet. Tandis que M. Baze demande que la Chambre fixe à deux années la durée de sa mission, M. Dahirel n'hésite pas à lâcher le grand mot de *constituante*, et M. de Belcastel, plus hardi encore, tire à demi de sa poche une couronne toute fraîchement sortie des mains du joaillier, et ne veut pas résigner son mandat avant de l'avoir posée sur une tête quelconque.

Voilà six mois que l'on discute la question oiseuse de savoir si la Chambre est ou n'est pas constituante. Ne vaudrait-il pas mieux se demander s'il est bien nécessaire de faire une constitution?

Nous avons eu depuis 1789 quatorze constitutions qui toutes avaient la prétention d'être perpétuelles, et dont la durée moyenne n'a pas dépassé cinq années :

1° La Constitution de 1791 ;
2° La Constitution de 1793 ;
3° La Constitution de l'an III ;
4° La Constitution de l'an VIII ;
5° La Constitution de 1804 ;
6° La Charte de 1814 ;
7° L'Acte additionnel de 1815 ;

8° La Charte de 1830 ;

9° La Constitution de 1848 ;

10° La Constitution du 14 janvier 1852 ;

11° La Constitution du 22 novembre 1852 ;

12° Le Senatus-Consulte de 1858 ;

13° Le Senatus-Consulte de 1866 ;

14° Le Senatus-Consulte de 1870.

Cet assortiment de pactes fondamentaux n'est-il pas assez complet, et faut-il préparer aux collectionneurs de l'avenir une quinzième Constitution, dont la pérennité ne sera pas mieux garantie? Cette simple liste ne devrait-elle pas nous guérir à jamais de la manie constituante? Persisterons-nous dans cet aveuglement enfantin qui nous fait prendre pour un édifice de granit un fragile château de cartes? Ainsi que l'a écrit quelque part un illustre écrivain anglais, Thomas Carlyle : « La meilleure des Constitutions ne vaut pas le chiffon de papier sur lequel elle est écrite. »

Assez de fictions, assez d'illusions, assez de formules, assez de déclarations, de déclamations et de proclamations ! Redevenons donc sérieux, pratiques, positifs, comme les Anglais, qui ne se payent pas de vains mots et dont la constitution est d'autant plus solide qu'elle n'a jamais été écrite, d'autant plus durable qu'elle n'a jamais existé !

« Les droits de l'homme, disait Saint-Just, étaient dans la tête de Solon ; il ne les écrivit point. La liberté, ne doit pas être dans un livre ; elle doit être dans les mœurs et réduite en pratique. »

Si nous ne pouvons décidément pas perdre l'habitude des pactes fondamentaux ; s'il faut à la France une quinzième constitution, il importe peu qu'elle soit l'œuvre de nos députés actuels ou d'une représentation *ad hoc*, qui serait peut-être moins libérale, plus royaliste encore. La meilleure des Constituantes, dirai-je en modifiant le mot de Carlyle, ne vaut pas le temps employé à son élection.

Que l'Assemblée de Versailles ait depuis longtemps terminé la mission spéciale et limitée qu'elle avait reçue le 8 février, cela n'est pas douteux ; qu'elle commette en prolongeant indéfiniment son existence une véritable usurpation, cela ne peut guère être contesté. Mais c'est précisément en raison de l'irrégularité de sa situation présente et de l'expiration virtuelle de son mandat, qu'elle me paraît moins dangereuse, et tenue à plus de réserve. Elle le comprend· si bien elle-même, qu'elle a écarté l'autre jour la proposition ouvertement royaliste de M. de Belcastel.

A son insu et sans le vouloir, elle est même indéfiniment plus républicaine qu'elle n'en a l'air. Sa loi sur les Conseils généraux, combattue à tort par le vieil esprit unitaire de la gauche et par les tendances ultra-centralisatrices de M. Thiers, est une loi fédéraliste. Or beaucoup d'excellents esprits pensent avec Proudhon, avec M. Laboulaye, que la république, dans un grand pays, n'est possible que par la fédération. La liberté et la république ne pourront se fonder en France que par la suppression du despotisme de l'État, que par l'auto-nomie de plus en plus complète des groupes départe-mentaux — ou provinciaux — et par l'émancipation ab-solue des municipalités. La commune, en effet, ainsi que l'a très-bien dit Royer-Collard, *la commune est comme la famille* AVANT L'ÉTAT ; la loi politique la trouve et ne la crée point. »

Alexis de Tocqueville a dit de même : « C'est dans

la commune que réside la force des peuples libres. »

M. de Bonald considère la commune comme le premier élément de la famille politique, et voit en elle
un corps *plus réel*, *plus solide*, plus visible, que le dé-
partement et le royaume. Benjamin Constant déclare
que le patriotisme local est *le seul véritable*, et Sismondi
n'hésite pas à écrire : *la commune, c'est la vraie patrie.* »

XV

Il n'est pas jusqu'à la proposition de M. de Ravinel,
dictée par M. Buffet, qui ne prouve comment la majorité fait du républicanisme sans le savoir et du fédé-
ralisme sans le vouloir. Ecartez la pensée de défiance,
de peur, d'hostilité contre Paris, qui l'a si maladroi-
tement inspirée ; écartez l'irritation et la rancune lé-
gitime qu'en ont éprouvées les Parisiens ; écartez la
perturbation inévitable qu'entraîne dans les intérêts
privés un changement de capitale, et les nombreux
mécontentements qui doivent en résulter, ainsi qu'on
l'a vu à Turin, il y a quelques années ; allez au fond
des choses et considérez la question en elle-même,
avec froideur et dégagée de tous les préjugés : l'idée
de choisir pour capitale une petite ville est une
idée décentralisatrice, fédéraliste, républicaine. Le
siége de la Confédération helvétique n'est point à Ge-

nève, mais bien à Berne. Si la décapitalisation de Paris avait pour corollaire la *Washingtonisation* de Versailles, je n'y verrais pas un si grand malheur, et Paris ne perdrait pas plus à ce sacrifice, que n'a perdu New-York, dont la population, qui n'atteignait pas 300,000 habitants en 1789, dépasse aujourd'hui un million d'âmes. Washington, capitale de l'Union américaine, n'a pas empêché New-York de devenir la troisième ville de l'univers ; Versailles, capitale de la république française, n'empêcherait point Paris de rester la première ville du monde.

Je sais bien que l'honorable M. Buffet et l'honoble M. de Ravinel, quand ils parlent de fixer à Ver-sailles le siége définitif du gouvernement, songent beaucoup moins au Capitole du chef-lieu du district de Colombie qu'au somptueux palais construit pour le grand roi. Mais je ne me demande pas où ils veulent aller ; je me demande où ils vont ; je me demande où les conduit, où nous conduit invinciblement la logique des choses :

Ducunt volentem fata, nolentem trahunt.

———————

XVI

Quelles que puissent être les intrigues monarchiques

qui se nouent et s'enchevêtrent autour du palais de Versailles et de l'hôtel de la Préfecture ; quelles que soient les allées et les venues, les marches et les contre-marches des princes d'Orléans, que l'on voit traverser à chaque instant le détroit, de Calais à Douvres ou de Douvres à Calais, et qui voyagent incessamment de Twickenham à Paris et de Paris à Twickenham ; qui se montrent partout, excepté sur leurs siéges de députés, déplorant sans doute leur grandeur qui les retient au rivage ; quelles que soient les préoccupations dynasti-ques de la droite et du centre droit, et les sentiments royalistes très-peu dissimulés de la majorité, la répu-blique ne nous paraît point en péril, et chaque jour qui prolonge le *statu quo* enlève à ses adversaires in-téressés quelques-unes de leurs illusions, et arrache quelques fleurons de la couronne mystérieusement tenue en réserve.

Le pays commence à comprendre, — le scrutin du 2 juillet l'a prouvé, — que sept expériences successives en moins d'un siècle ont jugé et condamné la royauté ;

Que tous les essais tentés depuis 1789 sont restés infructueux ;

Que toutes les dynasties et toutes les familles prin-cières, — Bourbons, Orléans, Bonaparte — se sont montrées également impuissantes ;

Que la suppression d'un rouage démontré inutile, dangereux, fatal parfois, réalise à elle seule une éco-nomie de 100 millions dans notre budget ;

Qu'autant la république est simple et une, autant la monarchie est complexe et multiple ;

Qu'au lieu d'avoir à choisir entre les Bonaparte et les Bourbons, entre les Bourbons de la branche aînée et les Bourbons de la branche cadette, entre les divers

candidats de la branche cadette, entre le duc d'Aumale,
le prince de Joinville et le comte de Paris, il est plus
rationnel et plus prudent de supprimer ces questions,
et, selon l'expression de M. Guizot, de *s'arrêter dans
ce qui est.*

Ce n'est plus, comme en 1848, un mariage d'amour
que le pays veut conclure avec la république, mais un
mariage de raison.

Trompée tour à tour par tous ses prétendants, com-
promise et maltraitée par tous ses amants, égarée trop
longtemps par la passion monarchique, par la senti-
mentalité dynastique, la France ne veut plus avoir à
regarder d'un œil d'envie, au delà de l'Atlantique, le
bonheur et l'heureuse fécondité de l'Union américaine.

———

XVII

Si l'on objecte, comme on l'a fait tant de fois, que
pour faire une république, il faut des républicains, je
répondrai qu'en Amérique, en 1787, les républicains
n'étaient pas plus que chez nous en majorité ; que deux
ans après l'élection de Washington à la présidence,
Hamilton et beaucoup d'hommes éminents croyaient
encore au retour prochain de la forme monarchique :
la grande cité de New-York, à l'inverse de Paris, était
toute royaliste. Le raisonnement, du reste, est plus

spécieux que rigoureux. Il serait aisé de retourner l'objection ! Pour faire des républicains, il faut avoir la république.

Quand nous compterons quatorze siècles de vie républicaine, soyez sûrs qu'on ne trouvera plus chez nous un seul royaliste.

Ce que l'Amérique, grâce à l'impulsion d'un grand homme de bien, a pu réaliser à travers tant d'obstacles, la France peut et doit le fonder à son tour.

Ni les éléments de cette transformation ne lui manquent, ni les matériaux, ni les circonstances voulues, ni l'homme nécessaire.

Elu spontanément par vingt-six départements; appelé au pouvoir exécutif, bien moins encore par le libre choix du Parlement que par la désignation et par la volonté du pays lui-même, tenant virtuellement son mandat de la France autant que de l'Assemblée nationale qu'il domine et qu'il dompte, M. Thiers réunit toutes les conditions, toutes les qualités, et même les défauts, qu'exige cette mission difficile et cette tâche gigantesque.

Devenu tardivement républicain par une conviction froide et raisonnée; connaissant d'autant mieux la faiblesse et la vanité du trône qu'il l'a approché de plus près; d'autant plus capable de préparer le dénoûment de la révolution française qu'il en a le premier étudié les causes, les origines, et raconté les péripéties; suffisamment ambitieux pour ne pas reculer, même dans un âge avancé, devant une tâche aussi ardue que glorieuse; assez tenace, assez opiniâtre pour ne s'effrayer d'aucune difficulté; doué d'assez de souplesse de caractère pour rapprocher et concilier les hommes, et pour servir de pont entre les partis; assez clairvoyant pour

ne tenter que ce qui est immédiatement possible ; fils
de ses œuvres, formé par le travail et par l'étude ; parvenu des derniers rangs du peuple à l'échelon suprême
de l'échelle sociale ; orateur incomparable, historien
éminent, esprit actif, positif, pratique ; possédant au
plus haut degré ce génie particulier, le seul vrai génie
peut-être, qu'on appelle le bon sens, et qui distingue
les hommes d'Etat de l'école anglaise ; rompu de longue
date aux affaires, capable d'embrasser d'un même coup
d'œil l'ensemble et les plus petits détails du gouvernement ; l'égal de Washington par le patriotisme, son
supérieur par l'intelligence et par la science politique ;
parvenu à cette époque de la vie où l'ambition s'en-
noblit et s'épure, où, désabusé de tout, excepté de la
vérité et de l'estime des contemporains, un homme
d'élite aime à prêter l'oreille aux échos d'outre-tombe,
et à percevoir à l'avance quelque chose des vagues et
flatteuses rumeurs de la postérité, M. Thiers tient vé-
ritablement dans ses mains l'avenir et le salut de
notre malheureuse patrie.

Ce n'est pas assez pour le futur président de la
république d'avoir entrepris avec une incontestable
sincérité l'*expérience loyale* du gouvernement républicain, ce n'est pas assez d'avoir déclaré, il y a
plus de deux ans, longtemps avant la révolution de
septembre, qu'*aucune dynastie n'est plus désormais possible en France*; M. Thiers doit faire un pas de plus ;
sacrifier encore dans le bagage de son passé bien des
idées, jeter par dessus bord plus d'une conviction in-
vétérée, plus d'un préjugé, et se dépouiller de l'élément
trop exclusivement bourgeois qui domine en lui, de sa
prédilection pour le centralisme et l'unitarisme exa-

gérés, de son culte pour le despotisme absorbant et dangereux de l'État.

En Angleterre, toutes les grandes réformes réalisées depuis cinquante ans ont été l'œuvre des hommes politiques qui les avaient le plus énergiquement combattues. Les progrès réclamés à grands cris par les libéraux ont été toujours, en fin de compte, accomplis par les conservateurs. Ce n'est pas Cobden, mais Robert Peel, qui a fait rapporter les lois sur les céréales; ce n'est ni M. Gladstone, ni lord John Russell, qui ont fait la réforme électorale de 1867, mais bien les ennemis même de cette réforme, lord Derby et M. Disraéli. Le premier ministre actuel, avant d'abolir, il y a deux ans, l'Église d'Irlande, en avait été toute sa vie le soutien le plus énergique; et le scrutin secret, le *ballot*, qu'il est en train de faire voter par le Parlement, il en avait été pendant trente années l'adversaire le plus acharné.

Je ne désespère pas de voir M. Thiers suivre cet exemple, abandonner bien des traditions de son passé, s'inspirer plus largement des besoins et des tendances profondément démocratiques de notre époque.

C'est à cette condition, à cette condition seule, qu'il pourra rapprocher les classes, ramener la confiance, apaiser les haines, concilier les intérêts, pacifier les esprits, et fonder la république.

La France ne pourra redevenir grande, calme, riche, prospère et libre, que le jour où la patrie de Jeanne d'Arc aura enfanté un Washington!

Paris. — Imp. de E. Donnaud, rue Cassette, 9.